Der Mann aus dem Eis

4. Auflage, 2000
Graphische Gestaltung: Gruppe Gut Graphics, Bz
Fotolitho: Typestudio, Bz
Druck: La Commerciale Borgogno, Bozen
ISBN: 3-85256-098-5

Der Mann aus dem Eis

Angelika Fleckinger/Hubert Steiner

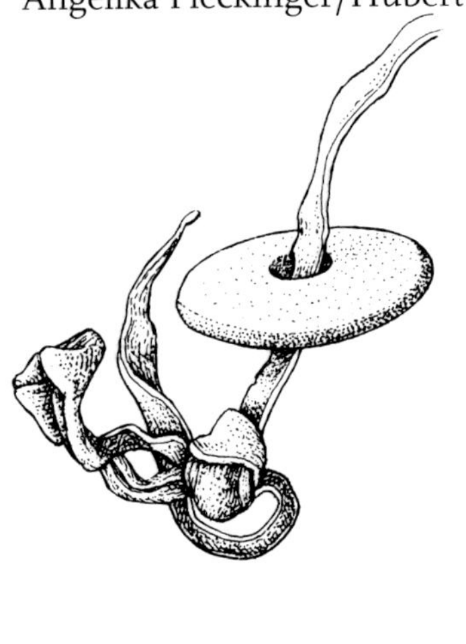

folio

Inhalt

Der Mann aus dem Eis

Vorwort

Der vorliegende Katalog gibt in Kurzform die Geschichte des Mannes aus dem Eis von seiner Auffindung 1991 bis zur Präsentation – von Mumie wie Beifunden – im Südtiroler Archäologiemuseum wieder.
Im Überblick werden Zusammensetzung des Fundkomplexes und Forschungsergebnisse zusammengefaßt.
Die Texte wurden erstellt in Anlehnung an die von Markus Egg (Mainz), Walter Leitner (Innsbruck) und Konrad Spindler (Innsbruck) summarisch vorgelegten Forschungsergebnisse.

Die Entdeckung

Es war Donnerstag, der 19. September 1991 als das Nürnberger Ehepaar Erika und Helmut Simon beim Abstieg von der Finailspitze zur Similaunhütte den markierten Bergsteigerpfad verließ und eine mit Gletschereis und Schmelzwasser gefüllte Felsmulde erreichte. Darin entdeckten die beiden eine Leiche, deren Kopf und ein Teil des Oberkörpers aus dem Eis ragte.

Eine der ersten Aufnahmen der Mumie nach der Entdeckung

Diese Fundsituation dokumentierten sie mit einem Foto. Neben der Leiche bemerkte das Ehepaar die Reste eines Birkenrindengefäßes. Bei der Similaunhütte angekommen, teilten sie dem Hüttenwirt ihren Fund mit.
Eine erste offizielle Meldung erging an die zuständigen Carabinieri von Schnals sowie an die Gendarmerie von Sölden.

Die Fundstelle

Die Fundstelle liegt auf 3210 m Höhe dicht neben dem Sommerweg von der Similaunhütte zum Tisenjoch, rund 73 m unterhalb desselben. Sie befindet sich am Rande des Niederjochferners zwischen dem steilen Abhang nach Schnals und dem flacheren vergletscherten Rücken ins Niedertal nach Vent im Ötztal. An dieser Stelle kann der Alpenhauptkamm an drei Übergängen überwunden werden: am Niederjoch, am Tisenjoch sowie

am Hauslabjoch. Über das Tisen- und Niederjoch treiben die Schnalstaler Bauern noch heute ihre Schafe auf die Almen ins Ötztal.
Die Fundstelle des Mannes aus dem Eis liegt in einer rund 40 m langen und 5 bis 8 m breiten Felsmulde, die 2,5 bis 3 m zwischen Felsrippen eingetieft ist. Zur Zeit der Auffindung der Mumie lag darin noch 60 bis 80 cm Eis. Das rund 30 cm hoch stehende Schmelzwasser entwässerte nach Nordosten gegen den Niederjochferner. Die Geländeform schützte das seit der Kupferzeit eingeschlossene Fundensemble vor den Kräften des darüberfließenden Eises; so konnte es sich teilweise auch in der ursprünglichen Anordnung erhalten. Das Eis in der Geländemulde selbst bewegte sich nicht.
Beim Tod des Mannes aus dem Eis dürften ähnliche klimatische Verhältnisse geherrscht haben wie heute. Die Felsmulde war fast oder gänzlich schnee- und eisfrei. Unmittelbar nach seinem Tod geriet der Mann samt seiner Ausrüstung unter eine Schneeabdeckung. Doch dieser Schutz scheint vor der Entdeckung im Jahre 1991 bereits einmal weniger geworden und das Eis aufgetaut zu sein.

Das Abschmelzen der Gletscher

Das nur leicht abschüssige Gelände der Fundortumgebung gehörte zum Akkumulationsgebiet eines kleinen Gletschers, der ehemals ostwärts in Richtung Niederjochferner floß. Zur Zeit der Grenzziehung im Jahre 1922 war dieser heute eisfreie Bereich mit einem 20 m hohen Schneepaket bedeckt. Die Abschmelzung war aufgrund der letzten warmen Sommer zügig vorangeschritten und hatte im Jahre 1991 ein außergewöhnliches Ausmaß erreicht. Dieser Winter war von großer Schneearmut und großer Wärme geprägt, während im Frühjahr und Frühsommer ein Kälterückfall zu verzeichnen war. Die Monate Juli, August und September förderten mit ihren hohen Temperaturen das rasche Ab-

Die Fundstelle nahe dem Tisenjoch

AP Bozen, Orthofotokarte der Provinz Bozen, Blatt 1203 Similaun. Aufnahme vom 28. 09. 1985. Freigabe aufgrund der Genehmigung d.I.G.M. Nr. 88 vom 12. 02. 1988

schmelzen der Gletscher. Dies wurde zusätzlich durch einen starken Saharastaubfall beschleunigt, der die Schnee- und Eisfelder gelbbraun verfärbte.

Die Bergung

Bereits am Tag nach der Entdeckung trieb ein österreichischer Bergungstrupp die unmittelbare Freilegung und Bergung der Gletscherleiche voran; man war davon ausgegangen, daß es sich um das Opfer eines Bergunfalls aus dem 20. Jahrhundert handle. Aufgrund der extremen Höhe des Fundortes (3120 m) mußte der Bergungstrupp mit dem Hubschrauber eingeflogen werden. Die Leiche war seit ihrer Entdeckung um rund 10 cm weiter ausgeapert, mit Hilfe eines Schrämmhammers versuchte man, sie ganz freizulegen. Wegen des ständig nachfließenden Schmelzwassers mußte auch unter Wasser gearbeitet werden. Dabei wurde der Körper im linken Hüftbereich beschädigt. Nur mit Mühe ließ sich nachfließendes Wasser ableiten. Nach rund einer halben Stunde ging dem Gerät der Strom aus, obwohl die Leiche erst bis zur Hälfte freigelegt war. Das Wetter verschlechterte sich zunehmend und das geeignete Werkzeug für die Bergung fehlte, die Mannschaft sah sich veranlaßt, die Arbeiten abzubrechen. Sie nahmen das auf einem Felssims liegende Beil samt Knieholm als Beweis dafür mit, daß es sich bei dem Toten um eine bereits mindestens hundert Jahre zuvor verunglückte Person handelte und nicht um einen gewissen Musikprofessor Carlo Capsoni, der seit ca. 1941 in dieser Gegend vermißt wurde. Inzwischen kursierten bereits erste Gerüchte, wonach der Tote Brandmale am Rücken sowie eine Kopfwunde aufweise. Schließlich wurde sogar berichtet, er sei gefesselt gewesen. Dies führte dazu, daß ein strafrechtliches Verfahren eingeleitet wurde, das die Untersuchung der Leiche zur Klärung der Identität und eines möglichen Fremdverschuldens zum Inhalt hatte.

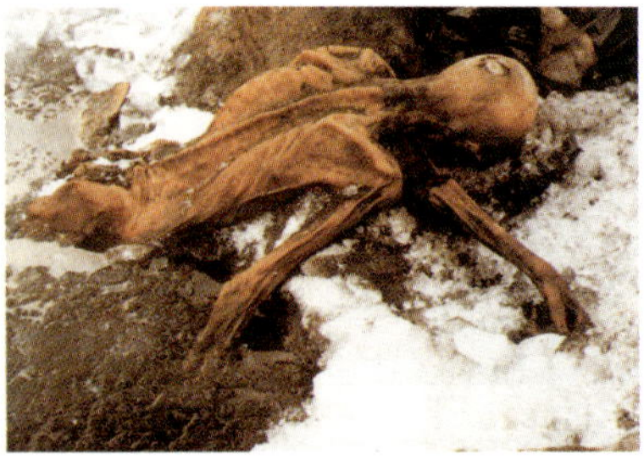

Die Mumie nach dem ersten Bergungsversuch

Am Samstag, den 21. September 1991 wurde die Fundstelle auch von den zwei Extrembergsteigern Hans Kammer-

Teile der Ausrüstung des Mannes aus dem Eis während des ersten Bergungsversuches

Der Kopf der Mumie wird erstmals angehoben.

lander und Reinhold Messner aufgesucht, die sich auf einer Südtirolrundwandertour befanden. Sie legten den Leichnam weiter frei und hoben erstmals den Kopf des Toten an. Dabei wurden Details der Bekleidung sichtbar. Bei der Suche nach weiteren Gegenständen entdeckte man Reste von Birkenrindengefäßen, den Bogen und, wie sich später herausstellte, den Teil einer Köcherversteifung.

Am Montag, den 23. September 1991 erreichte ein ORF-Team das Tisenjoch. An diesem Tag fand die offizielle Bergung der Leiche im Beisein von Prof. Henn vom Institut für Gerichtliche Medizin der Universität Innsbruck statt. Die Leiche war aufgrund der tiefen Nachttemperaturen erneut vollständig festgefroren. Mit Eispickel und Skistock wurde die Mumie nun vollständig freigelegt. Da-

Der Gerichtsmediziner Prof. Rainer Henn (rechts) beim Eintreffen an der Fundstelle

Die Leiche wird mit Hilfe von Pickeln aus dem Eis befreit.

Reinhold Messner und Hans Kammerlander beim Besuch der Fundstelle am 21. 09. 1991

Die Gletschermumie vor dem Abtransport mit dem Hubschrauber

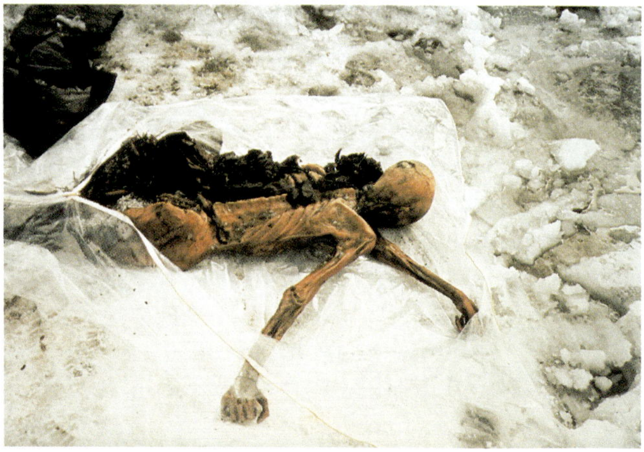

bei kamen Leder- und Fellreste, Schnüre, Riemen sowie Heubüschel zutage, die auf einem Haufen neben der Leiche gesammelt wurden. Aus dem Schmelzwasser barg man auch einen Feuersteindolch mit Holzgriff. Die Bergung wurde durch das Kamerateam gefilmt, sie ist daher sehr gut dokumentiert. Die Gletschermumie wurde in einen Leichensack verpackt und mit dem Hubschrauber nach Vent und von dort in einem Leichenwagen samt den Beifunden (einschließlich des beim Gendarmerieposten in Sölden aufbewahrten Beiles) nach Innsbruck gebracht. Vorerst wurde alles auf zwei Seziertischen am dortigen Institut für Gerichtliche Medizin ausgebreitet.

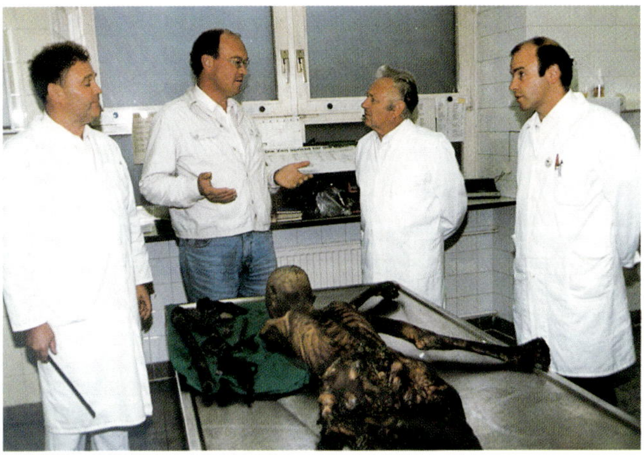

Erste archäologische Begutachtung des Fundes vom Tisenjoch am 24. 09. 1991 im Seziersaal des Institutes für Gerichtsmedizin der Universität Innsbruck

Im Seziersaal der Gerichtsmedizin

Am folgenden Dienstagmorgen benachrichtigte man Prof. Dr. Konrad Spindler vom Institut für Ur- und Frühgeschichte. Dieser nahm anhand des Beils eine Datierung des gesamten Fundensembles in die Frühe Bronzezeit vor. Eine Serie von Bildern ging um die Welt. Die Sensation war perfekt. Die Institute in Innsbruck waren einem massiven Medienansturm ausgeliefert. Die Mumie war inzwischen auf 18 °C aufgetaut. Am selben Abend wurde sie an das Institut für

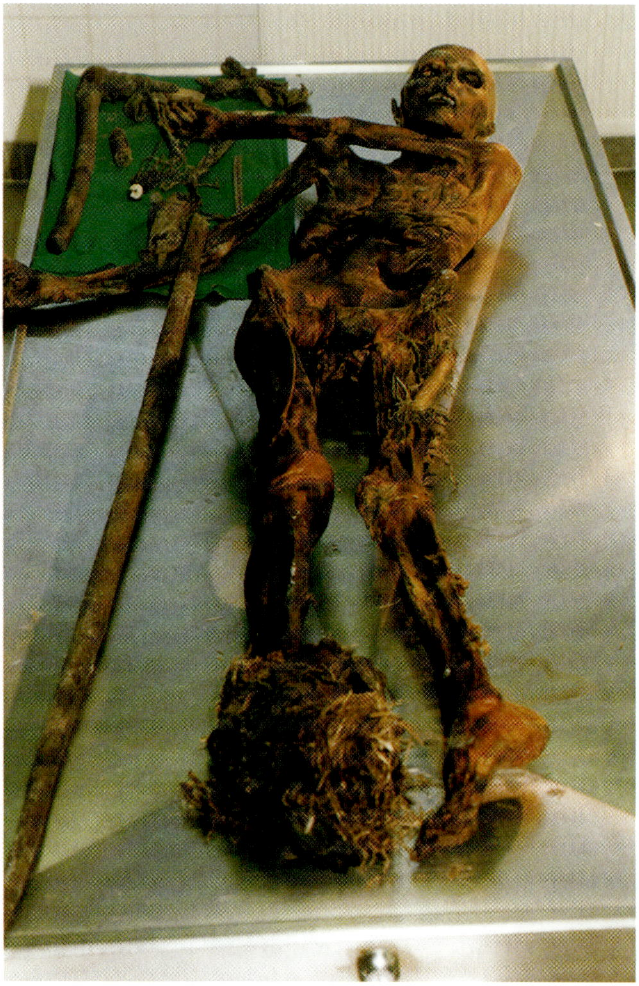

Der Mann aus dem Eis mit den Beifunden auf dem Seziertisch

Bei der Bergung befand sich der rechte Schuh noch am Fuß der Mumie.

Vermessungsarbeiten an der Fundstelle

Anatomie überstellt und in einer Kühlkammer bei – 6 °C und einer Luftfeuchtigkeit von 98 % gelagert. Damit wurden die Gletscherbedingungen künstlich hergestellt. Zuvor hatte man die Leiche mit einer verdünnten Karbollösung abgetupft.

Inzwischen wurde Kontakt mit dem Römisch-Germanischen Zentralmuseum in Mainz aufgenommen, das unverzüglich die sachgerechte Lagerung sowie die konservatorische Versorgung der gesamten Beifunde übernahm.

Die Neuvermessung der Fundstelle In der Zwischenzeit machte die mehrmals geäußerte Vermutung, der Tote sei auf italienischem Staatsgebiet gefunden worden, eine Klärung der Grenzfrage notwendig. Die Unklarheiten beruhten darauf, daß im Staatsvertrag von St.-Germain-

Abschmelzen des Eises mit Dampfbohrern

Ausgrabungsarbeiten an der Fundstelle. Zum Zeitpunkt der Nachuntersuchung war die Eisschicht zwischen 60 und 100 cm stark und von Neuschnee bedeckt.

Die weitgehend vom Eis befreite Felsmulde

en-Laye zwischen der Republik Österreich und den alliierten und assoziierten Mächten im Jahre 1919 die Grenze entlang der Wasserscheide zwischen Inn- und Etschtal festgelegt worden war. Die Fundstelle des Leichnams befindet sich heute in einem Gebiet, das zum Inn hin entwässert. Im Bereich des Tisenjoches war zum Zeitpunkt der Grenzziehung die Wasserscheide aufgrund der Gletscherüberdeckung nicht klar auszumachen. Trotz veränderter topographischer Verhältnisse besitzt der nach dem Ersten Weltkrieg festgelegte Grenzverlauf völkerrechtliche Gültigkeit. Aufgrund des prominenten Fundes wurde eine amtliche Neuvermessung des Grenzverlaufes notwendig. Sie ergab, daß der Fundort 92,56 m von der Staatsgrenze entfernt auf Südtiroler Boden liegt. Demzufolge meldete das Land Südtirol Eigentümeranspruch an. Der Fund wurde zur wissenschaftlichen Untersuchung an der Universität Innsbruck belassen.

Die Bärenfellmütze nach der Auffindung

Die Nachuntersuchungen

Eine erste Nachuntersuchung an der Fundstelle wurde in der Zeit vom 3. bis 5. Oktober 1991 durchgeführt. In erster Linie sollten die Fundstellen der Leiche sowie der auf dem Felssims abgestellten Gegenstände nachuntersucht werden und weiters eine detaillierte Aufnahme und Vermessung des gesamten Fundareals sowie die Erstellung eines Höhenschichtenplans erfolgen. Zuvor mußte der in den vorangegangenen Tagen gefallene Neuschnee entfernt werden. Für die Grabungsarbeiten wurden ein Dampfstrahler und ein Föngerät eingesetzt. Im Fundbereich der Mumie wurden neben verschiedenen Fell- und Lederresten Teile eines Netzes aus Grasschnüren und Reste eines Birkenrindenbehälters samt Inhalt geborgen. Auf dem kleinen Felsblock, auf dem die Mumie gelegen hatte, kamen Teile eines Grasmantels zum Vorschein. Der hereinbrechende schneereiche Winter verhinderte weitere archäologische Untersuchungen. Eine erneute Grabungskampagne war für das folgende Jahr 1992 anberaumt. Die Durchführung dieser Arbeiten lag in den Händen des Landesdenkmalamtes von Bozen, vertreten durch Dr. Lorenzo Dal Ri und Dr. Hans Nothdurfter. Die Universität Trient beauftragte Prof. Bernardino Bagolini und die Universität Innsbruck Prof. Dr. Andreas Lippert. Die Arbeiten erstreckten sich vom 20. Juli bis 25. August. Zu Beginn der Arbeiten mußten große Schneemengen weggeschaufelt werden. Immer wieder füllte das von einem höhergelegenen Schneefeld herabfließende Schmelzwasser die Felsrinne an und mußte abgeleitet werden. Auch das Bodenwasser wurde abgeleitet und mehrfach gesiebt. Im Sediment der Felsrinne kamen eine Reihe von Kleinfunden zutage. Neben weiteren Ausrüstungsresten wie Leder- und Fellteilen, Gräsern, Schnüren etc. fanden sich auch Hautteile, Muskelfasern, Haare sowie ein Fingernagel. Schließlich konnte auch das im Jahr zuvor abgebrochene und noch im Eis steckende Bogenende geborgen werden. Am Felsblock, an dem der Leichnam gelegen hatte, barg man schließlich eine Fellmütze.

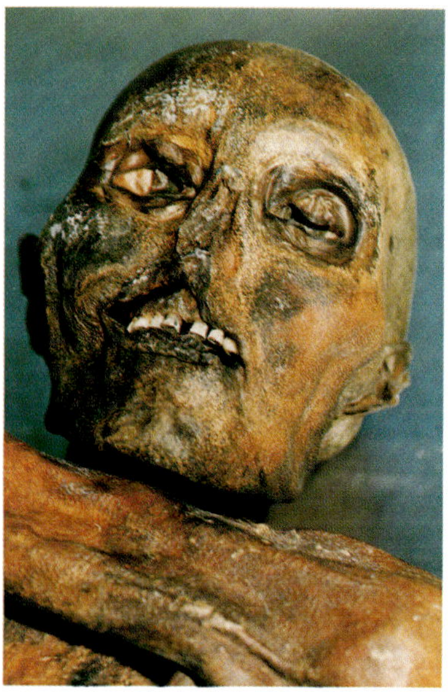

Das Gesicht des Mannes zeigt Spuren des Eisdruckes.

Die Mumie

Erstmals in der Geschichte der Medizin sowie der Archäologie können anatomische Studien an einer eindeutig in das 4. Jahrtausend v. Chr. datierten Leiche durchgeführt werden. Der Körper ist bis auf eine Beschädigung im linken Hüftbereich praktisch unversehrt. Die Gesichtspartie ist aufgrund der Lagerung auf einem Steinblock leicht eingedrückt. Die Ergebnisse der anthropologischen Untersuchungen decken sich mit Knochenmaterial des Neolithikums aus dem zirkumalpinen Raum. Eine erste Untersuchung hinsichtlich der nach der Entdeckung noch nicht definitiven Geschlechtsbestimmung wurde am Institut für Anatomie vorgenommen und die Mumie als männlich bestimmt. Die Ausrüstung wies ebenfalls eindeutig in diese Richtung. Der Mann hatte eine Körpergröße von 1,59 cm.

Durch den Mumifizierungsprozeß waren die Haare der

Mumie völlig ausgefallen. Unter den zahlreichen Haarbüscheln der Kleidung fand sich auch menschliches Haar. Diese maximal 9 cm langen, erhaltenen Haare sind dunkelbraun bis schwarz. Mit großer Wahrscheinlichkeit trug der Mann einen Bart. Untersuchungen an den Haaren belegen einen unmittelbaren Kontakt zur Kupfererzverarbeitung. Die Finger- und Zehennägel sind ebenfalls alle ausgefallen. Ein einziger Fingernagel war bei den Nachuntersuchungen geborgen worden.

Medizinische Untersuchungen

Mit Hilfe moderner bildgebender Verfahren konnten am Körper anatomische Besonderheiten sowie krankhafte Veränderungen diagnostiziert werden, unter anderem eine Zahnlücke im Oberkiefer und die fehlende Anlage der Weisheitszähne. Besonders auffällig ist der ausgesprochen starke Abkauungsgrad der Zähne. Hauptgrund dafür dürfte der Verzehr von Getreidenahrung bilden, welche durch das Mahlen auf Steinmühlen mit Quarzsand verunreinigt wurde. Das Gebiß war jedoch völlig kariesfrei. Im linken Frontalbereich des Oberkiefers zeigt sich eine verstärkte Abnutzung, die mit einer regelmäßig ausgeführten unbekannten Alltagshandlung in Verbindung gebracht wird.

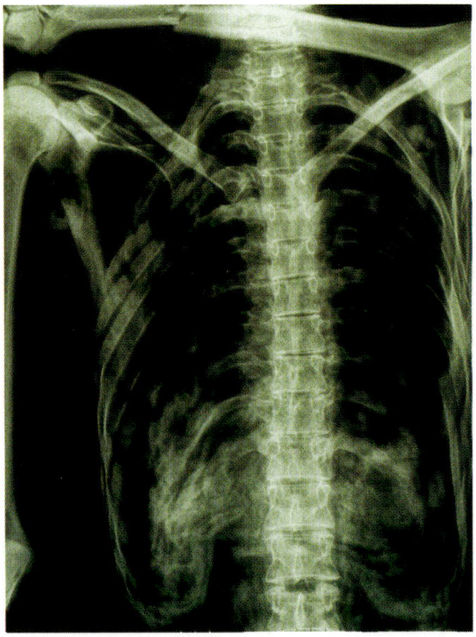

Radiologische Untersuchung des Thorax. Es zeigt sich eine Deformität des linken Rippenbogens.

Außerdem besaß der Mann aus dem Eis kein 12. Rippenpaar. Diese seltene Anomalie wirkte sich für ihn keineswegs nachteilig aus. Auf der linken Seite des Brustkorbs findet sich ein gut verheilter Serienrippenbruch. Auf der rechten Seite des Brustkorbes konnten hingegen nicht verheilte Rippenfrakturen festgestellt werden. Grund dafür könnte ein Unfall kurz vor dem Tod oder der Eisdruck sein. Dasselbe gilt für einen Bruch des linken Oberarms. Eine zystenartige Veränderung an der kleinen Zehe des linken Fußes kann auf Erfrierungserscheinungen zurückgeführt werden. Die Untersuchung des einen Fingerna-

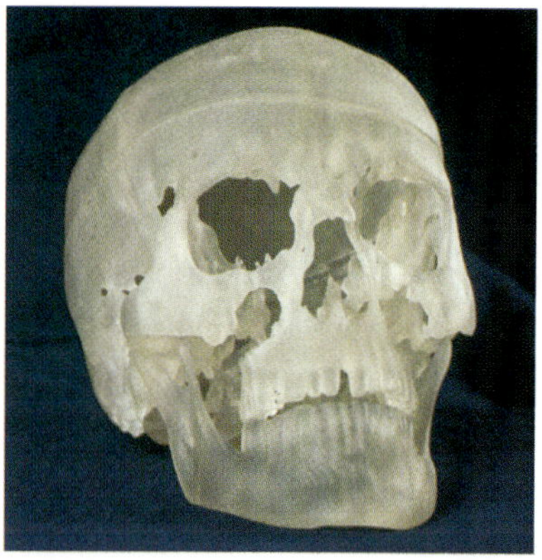

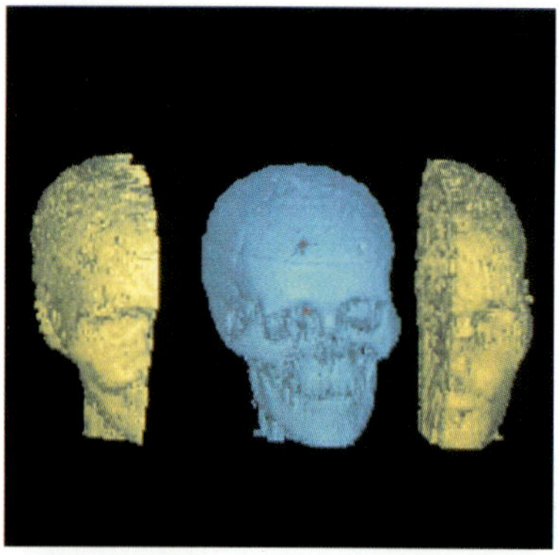

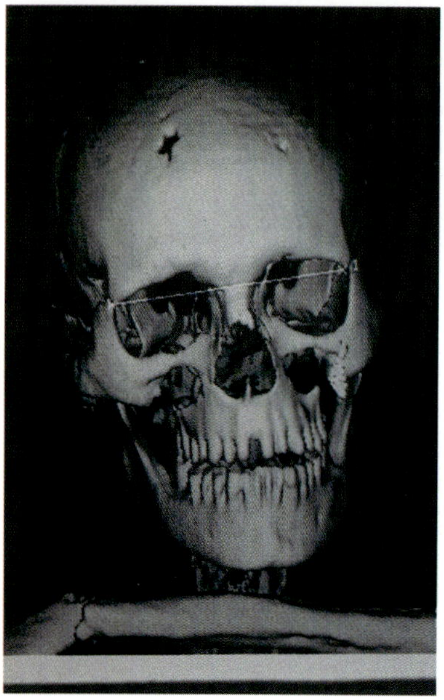

gels ergab, daß der Mann aus dem Eis Monate vor seinem Tod größeren Streßsituationen ausgesetzt war. Neben degenerativen Veränderungen wies er relativ starke Gefäßverkalkungen auf.

Von der Mumie wurden rund 700 axiale Schnittbilder mittels Computertomographie angefertigt. Dabei sind die inneren Organe sichtbar, die teilweise stark geschrumpft sind und sich aufgrund der Lagerung verschoben haben. Diese Daten bilden die Basis für die dreidimensionale Darstellung des Skelettsystems, die mittels der Stereolithographie erfolgte. Damit war es beispielsweise möglich, innerhalb von 40 Stunden ein auf Millimeterbruchteile dem Original entsprechendes Schädelmodell zu erstellen. Der Schädel weist in mehreren Bereichen lagerungsbedingte Deformierungen auf. Das am Mann aus dem Eis erstmals entwickelte Verfahren der Stereolithographie konnte inzwischen bereits mit Erfolg in der medizinischen Praxis angewandt werden.

Die wohl größte Herausforderung des medizinischen Forschungsprogramms bildete die endoskopische Untersuchung der Mumie. Für die diffizilen mikrochirurgischen Eingriffe mußten spezielle Feininstrumente aus Titan entwickelt werden. Zur Probenentnahme aus den inneren Organen wurde ein Hautfenster aufgeklappt, eine Zange eingeführt, begleitet von einer hochauflöslichen Spezialoptik. Damit war es möglich, u. a. den Kehlkopf, den Herz-Lungenbereich, die Leber, die Hauptschlagader, den Verdauungstrakt sowie das Gehirn zu inspizieren und filmisch zu dokumentieren. An der Gehirnbasis ließ sich eine schwache Arterienverkalkung feststellen. Die entnommenen Gewebeproben werden weiteren Untersuchungen unterzogen. Der Magen-Darm-Inhalt wurde bereits bestimmt. Nach Abschluß der endoskopischen Untersuchung an der Mumie sind viele neue Erkenntnisse zu den Lebensbedingungen sowie zum Gesundheitszustand des Mannes zu erwarten. Eine DNA-Untersuchung hat ergeben, daß der Mann sich der alpinen Bevölkerung zuordnen läßt.

Seit der Auffindung der Mumie bis zur Überführung von Innsbruck nach Bozen wurden insgesamt 570 Inspektionen an der Leiche durchgeführt und 100 Proben entnommen. Die größten wogen 60 Milligramm; insgesamt wogen die Proben lediglich etwas mehr als 1 Gramm.

Das Alter

Für die Bestimmung des Lebensalters wurde aus dem linken Oberschenkel der Mumie ein kleiner Knochenzylinder entnommen. Am Osteologischen Forschungslabor der Universität Stockholm und am Institut für Anatomie der Universität Innsbruck wurden anhand von Dünnschliffpräparaten die sich mit zunehmendem Lebensalter verändernden Bausteine in der Struktur der Knochenrinde (Osteone) bestimmt und gezählt. Die im Röntgenbild erkennbaren altersbedingten Abbauerscheinungen und Veränderungen der Knochenarchitektur mußten dabei mitberücksichtigt werden. Aufgrund der Untersuchungen wurde ein Mindestalter von 40 und ein Höchstalter von 53 Jahren ermittelt. Aus mehreren Rückrechnungsbeispielen ergibt sich ein Mittelwert von 46 Jahren. Der Mann aus dem Eis erreichte damit ein für neolithische Verhältnisse hohes Alter.

Stereolithographisches Modell des Schädelskelettes

Dreidimensionale Darstellung von Weichteilstrukturen und Knochenstrukturen am Schädel

3-D-Rekonstruktion des Schädels nach Spiralcomputertomogramm

Die Tätowierungen

Bereits bei der Auffindung wurden am Rücken der Mumie Zeichen auf der Haut entdeckt, die zunächst mit Brandmalen in Verbindung gebracht worden waren. Wie sich später herausstellte, handelt es sich hierbei um Tätowierungen. Aufgrund der bläulichen Farbe kann angenommen werden, daß sie mit Holzkohle ausgeführt worden sind. Die Tätowierungen haben die Form von Strichbündeln oder Kreuzen. Insgesamt vier Strichbündel befinden sich links der Lendenwirbelsäule, ein Strichbündel rechts davon. Drei weitere Strichbündel

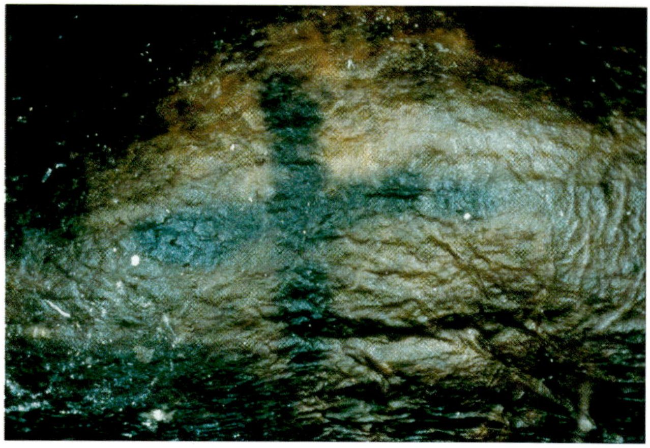

Die Tätowierung in Kreuzform an der Innenseite des rechten Knies

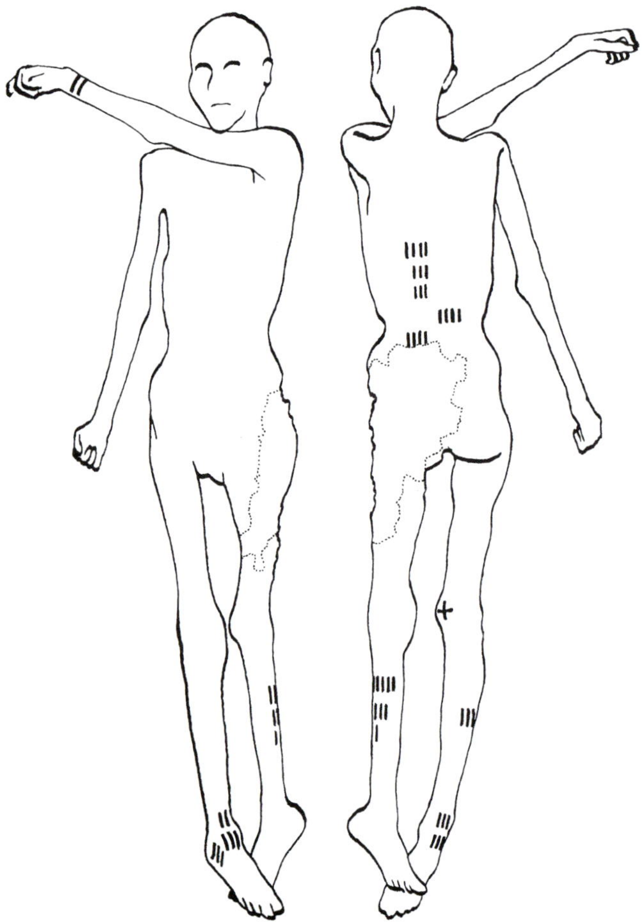

Übersicht über die am Körper der Mumie entdeckten Tätowierungen

sind auf der linken Wade angebracht, weitere auf dem rechten Fußrücken sowie am äußeren und inneren Fußknöchel. Jeweils ein kreuzförmiges Zeichen befindet sich an der Innenseite des rechten Knies sowie im Bereich links neben der linken Achillessehne. Zwei Streifen am linken Handgelenk dagegen stammen von einem straff gezogenen Band. Somit hielt der Mann etwas in der Hand. Tätowierungen wurden bereits in der Vorgeschichte zu unterschiedlichen Zwecken angebracht. Vordergründig dürften aber therapeutische Zwecke den Ausschlag gebildet haben. Es fiel auf, daß sich die Tätowierungen am Mann aus dem Eis insbesondere auf die Bereiche Lendenwirbelsäule, Knie und Sprunggelenke konzentrieren; an Stellen folglich, die starken Beanspruchungen ausgesetzt sind. Tatsächlich wiesen diese Stellen alters- und belastungsbedingte Verschleißerscheinungen auf, wodurch ein Zusammenhang zwischen den Tätowierungen und dem radiologischen Befund der benachbarten Knochen hergestellt werden konnte. Der Mann aus dem Eis hat sich mehrmals einer schmerzlindernden Behandlung unterzogen, wie sie bei unterschiedlichsten Kulturen zu beobachten ist.

Die Mumifizierung

Im Zuge der Mumifizierung war der Leichnam einem Austrocknungsprozeß unterworfen, der die Haut heute lederartig zäh erscheinen läßt. Die Hautfärbung ist sehr unterschiedlich: von einem sehr hellen beige-bräunlichen Ton bis zu einem schwärzlichen Braun. Die Mumie war durch die Dehydration nicht gänzlich ausgetrocknet, sie ließ sich nach der Bergung bewegen. Sie weist heute ein Gewicht von 13,03 kg auf. Das ursprüngliche Körpergewicht dürfte etwa 50 kg betragen haben. Die prägnante Körperstellung des Toten entspricht mit hoher Wahrscheinlichkeit jener zum Zeitpunkt des Todes, durch den Eisdruck könnte es aber auch zu einer Positionsveränderung gekommen sein.

Der Mann erreichte die zu seiner Zeit noch eisfreie Felsmulde, die nachweislich lange vor ihm von Menschen aufgesucht worden war. Sorgfältig legte er seine Ausrüstung an den umliegenden Felsen ab. Die Gründe bzw. die genauen Umstände seines Todes können nicht mehr in Erfahrung gebracht werden. Aller Wahrscheinlichkeit nach dürfte er den Kältetod erlitten haben. Wie der Mumifizierungsvorgang vor sich ging, ist noch ungeklärt. Es wird angenommen, daß die Leiche mit den Beifunden von einer schützenden Schneedecke bedeckt wurde. Eine solche bleibt über Jahre hin luftdurchlässig: Es kommt zur Mumifizierung durch Gefriertrocknung. Erst nach Jahren wird der Schnee zu Eis und schließt so den Vorgang ab. Die Fundstelle dürfte von einer rund 20 m dicken Eismasse abgedeckt worden sein und da sie in einer schützenden Senke liegt, floß der Hauptgletscher darüber hinweg; doch sein immenses Gewicht und die Kräfte, die sich bis in den basalen Bereich der Mulde auswirken konnten, führten zu kleineren Verlagerungen. Es wird beispielsweise angenommen, daß der Mann aus dem Eis ursprünglich eine linksseitige Lage einnahm und im Laufe der Zeit in die Bauchlage gedreht wurde.

Weiters gibt es die Theorie, derzufolge der Mumifizierungsvorgang ohne schützende Schneedecke, also an der Oberfläche, erfolgte und der Schnee bzw. das Eis sich erst zu einem späteren Zeitpunkt darüber legten. Dagegen spricht, daß der Leichnam damit weniger Insekten, als vielmehr Raubtieren ausgesetzt gewesen wäre. Außerdem ist die Fundstelle stark dem Wind ausgesetzt, wodurch sich die Originalposition der abgestellten Ausrüstung, insbesondere der leichten Birkenrindengefäße, nicht erhalten hätte. Die Beifunde lagerten auf einem etwas höher gelegenen Felssims und aperten folglich früher aus als der Leichnam selbst, was sich am schlechten Erhaltungszustand zeigt.

Die Konservierung

Grundvoraussetzung für künftige Forschungen ist die Erhaltung der Mumie. Darum mußte die natürliche Konservierung durch eine künstliche ersetzt werden, indem die natürlichen Gletscherbedingungen mit technischen Hilfsmitteln möglichst getreu hergestellt werden mußte. Am Institut für Anatomie der Universität Innsbruck wurde die Mumie bei einer Temperatur von minus 6 °C in einer Kühlzelle konserviert. Um eine maximale Luftfeuchtigkeit zu erzielen, hüllte man die Mumie in ein steriles Operationstuch und umgab sie mit »Crash-Eis«. Darauf wurde eine Plastikplane gelegt, diese wieder mit einer Eispackung bedeckt und mit einer Plane umhüllt. Auf diese Weise erreichte man eine Luftfeuchtigkeit von bis zu 98 Prozent, also annähernd die natürlichen Gletscherbedingungen, die eine Luftfeuchtigkeit von 100 Prozent aufweisen.

Die Datierung

Nach der Auffindung des einmaligen Fundensembles wurde dieses einer C14-Datierung unterzogen. Dafür entnahm man dem linken Hüftbereich der Leiche Knochenpartikel und Gewebefasern. Die Proben wurden vom Research Laboratory for Archeology and the History of Art in Oxford und am Institut für Mittelenergiephysik der Eidgenössischen Technischen Hochschule in Zürich untersucht. Daneben wurde auch botanisches Material zur Untersuchung gegeben. Dafür wurden einige Grashalmfragmente des Mantels verwendet. Das botanische Material sandte man an das Svedberg Laboratoriet der Universität Uppsala sowie an das Centre des Faibles Radioactives in Paris. Die Daten der in den verschiedenen Labors untersuchten Proben ergaben sehr einheitliche Werte: Der Mann aus dem Eis hat um 3350 bis 3100 v. Chr. gelebt.

Die Bekleidung

Die Rekonstruktion des Mannes aus dem Eis mit seiner Kleidung und den Ausrüstungsgegenständen

Das Obergewand

Vom Obergewand des Mannes aus dem Eis sind eine Reihe von Fragmenten erhalten geblieben, die in den Restaurierungswerkstätten des Römisch-Germanischen Zentralmuseums in Mainz wieder aneinandergefügt wurden. Dabei handelt es sich durchwegs um Fellteile einer Hausziege, die mit der behaarten Seite nach außen getragen wurden. Die Haare sind großteils ausgefallen. An der Fleischseite sind mehrfach Schabspuren zu beobachten, die vom Reinigen der Häute herrühren. Untersuchungen weisen auf Fett- und Rauchgerbung hin. Die Fellkleidung wurde aus vielen länglichen, rechteckigen Stücken mit regelmäßigen Stichen in Überwendlingstechnik von innen zusammengenäht. Die Zusammensetzung des Felles aus senkrechten streifenförmigen Stücken dürfte mit der Absicht erfolgt sein, aus den verschiedenen Farben ein Muster zu erzeugen. Dabei ließ man dunkle und helle Bänder einander abwechseln. Als Nähfäden dienten tierische Sehnenfasern. Das Kleidungsstück war – wie die starke Verschmutzung der Innenseite sowie die mit Grasfäden ausgeführten Reparaturen zeigen – lange im Gebrauch. Eine Rekonstruktion ergibt, daß die Bekleidung des Oberkörpers vorne offen war. Da es keine

Das Obergewand besteht aus Fellstreifen der Hausziege.

Einige Reparaturnähte wurden sehr grob durchgeführt.

Die meist streifenförmigen Fellteile wurden sehr sauber mit rhythmischen Stichen zusammengenäht.

Hinweise auf eine Verschlußkonstruktion gibt, kann vermutet werden, daß der Mantel mit einem Gürtel verschlossen wurde. Während von der Schulterpartie wenige horizontal vernähte Fellstreifen erhalten geblieben sind, liegen keine Reste von Ärmeln vor. Es bleibt dahingestellt, ob dieses Kleidungsstück überhaupt Ärmel besaß. Insgesamt dürfte es sich um ein knielanges Kleid gehandelt haben.

Die Beinkleider

Der Mann aus dem Eis trug, wie Beobachtungen an der Fundstelle belegen, zwei die Beine bedeckende Röhren. Diese bestehen aus mehreren zusammengenähten Stücken, die sich nach unten hin verjüngen. Als Material verwendete man das Fell der Hausziege. Der Beinschutz hatte eine Höhe von rund 65 cm und bedeckte Ober- und Unterschenkel, es handelte sich demnach nicht im eigentlichen Sinn um eine Hose. Der oben bogenförmig abgeschlossene Teil war mit einem durchgezogenen Lederriemen verstärkt und wurde mit daran fixierten doppelten Tragriemen am Gürtel festgeknotet. Am unteren Ende der Beinröhre wurde jeweils eine Lasche aus Hirschfell angenäht, die sich beim Schnüren des Schuhwerks festbinden ließ. Damit wurde ein Hochrutschen der Beinkleidung verhindert. Die Beinkleider zeigen starke Gebrauchsspuren und wurden mehrmals einer Reparatur unterzogen. Diese Art der Beinkleidung hat sich bei den nordamerikanischen Indianern als »leggins« bis ins 19. Jh. hinein erhalten.

Die Beinkleider aus Fellstücken der Hausziege wurden mit Trageriemen am Gürtel festgeknotet.

Der Gürtel

Zur Ausrüstung des Mannes aus dem Eis gehörte weiters ein Leibriemen, der sich allerdings nicht vollständig erhalten hat. Der aus Kalbsleder gefertigte Riemen besteht aus einem 4 bis 4,8 cm breiten Lederstreifen. Ein aufgenähtes Lederband bildet eine Tasche. Die Längsseiten der Öffnung sind mit Ziernähten verstärkt. Die Öffnung ließ sich mit einem schmalen Lederstreifen zuknüpfen. Die Fragmente zeigen, daß der Gürtel ursprünglich eine Länge von knapp 2 m hatte und demnach zweimal um die Hüfte reichte.

Das Täschchen beinhaltete fünf Gegenstände, darunter einen Klingenkratzer, einen Bohrer sowie ein Lamellenstück aus Silex. Außerdem kam eine 7,1 cm große Knochenahle zum Vorschein. Den größten Teil des Inhalts füllte eine schwarze Masse, die als Zunderschwamm identifiziert werden konnte. Dieser diente zum Entfachen eines Feuers, bildete also den Teil eines prähistorischen Feuerzeuges und mußte vor allem trocken aufbewahrt werden. Feine Pyritspuren zeigen, daß für die Erzeugung von Funken Pyritknollen zur Anwendung kamen, die aber in der Ausstattung des Mannes aus dem Eis nicht vorhanden waren.

Das auf den Gürtel aufgesetzte Ledertäschchen wurde um den Leib geschnürt getragen.

Der Inhalt des Ledertäschchens: Silexklinge, Silexbohrer, kleine Silexklinge

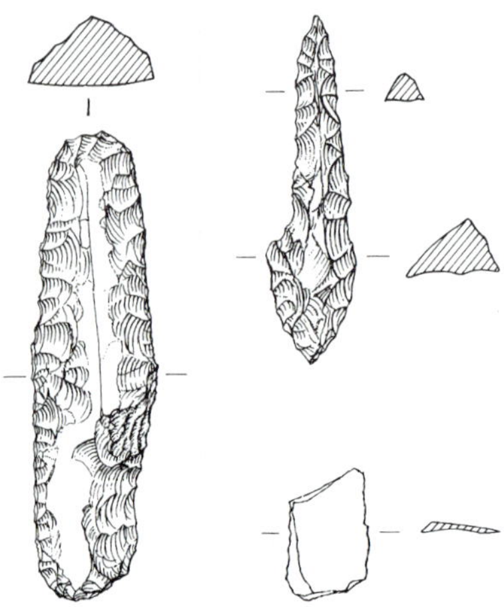

Der Lendenschurz

Unter den erhaltenen Fellresten befindet sich ein 50 cm langes und 33 cm breites Lederfragment. Das Kleidungsstück wurde aus länglichen schmalen Ziegenlederstreifen im Überwendlingsstich mit Tiersehnen zusammengenäht. Es wird angenommen, daß der ursprünglich rund 1 m lange Schurz zwischen den Beinen durchgezogen sowie vorne und hinten mit dem Gürtel befestigt wurde. Entsprechende Durchziehschürze begegnen uns wiederum bei nordamerikanischen Indianern.

Aus Ziegenleder gearbeiteter Durchziehschurz

Die Schuhe des Mannes aus dem Eis

Die Schuhe

Der Mann aus dem Eis trug an beiden Füßen Schuhe. Der rechte Schuh befand sich bei der Bergung der Mumie noch am Fuß und wurde für die Restaurierung abgenommen. Der linke dagegen hat sich schlechter erhalten. Der einzelne Schuh besteht aus einem ovalen Sohlleder. Die hochgeschlagenen Ränder wurden mit einem Lederriemen eingefaßt. Daran befestigte man innen ein aus Grasschnüren geflochtenes Netz. Dieses fixierte das als Kälteschutz in die Schuhe gestopfte Heu. Der Schuh schloß mit dem Oberleder ab, das durch einen Lederriemen im Vorstich mit der Sohle verbunden war. Im Gegensatz zum Sohlleder wurde das Oberleder mit der Haarseite nach außen getragen. Der Schaft um das Fußgelenk wurde mit Grasschnüren umwickelt, um ein Eindringen von Feuchtigkeit zu vermeiden. An der Unterseite der Schuhsohle war ein quer laufender und sich überkreuzender Lederstreifen angebracht, der der Sohle gewissermaßen Profil geben sollte. Während die Schuhsohle aus dem Pelzleder des Braunbären besteht, ist das Oberleder aus Hirschfell gefertigt. Die Oberlederkonstruktion wurde mittels »Schnürsenkel« verschlossen.

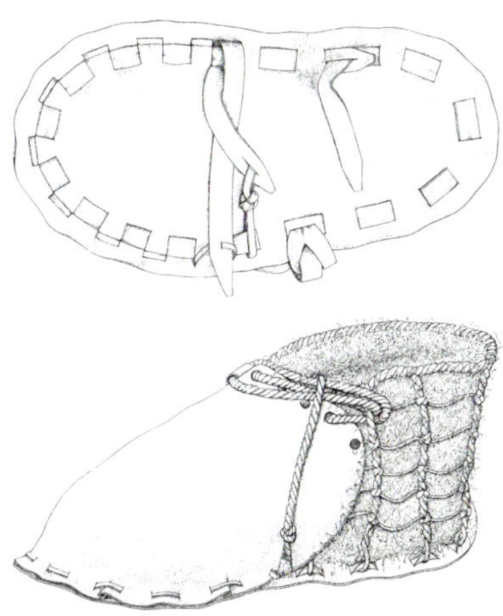

Rekonstruktionszeichnung des rechten Schuhes mit Grasfüllung

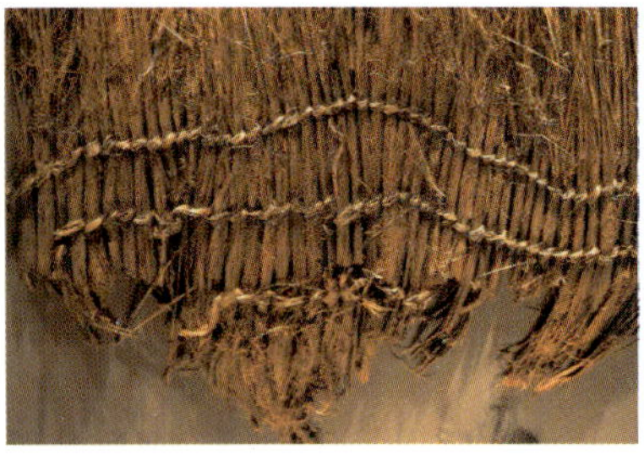

Detailaufnahme des Grasgeflechtes

Als Regenschutz trug der Mann aus dem Eis einen Mantel aus Süßgras.

Der Grasmantel

Im Zuge der Nachuntersuchung wurden an der Fundstelle der Leiche drei größere Reste von Grasgeflechten geborgen. Zunächst wurden diese mit einer Matte in Verbindung gebracht. Die Untersuchung in Mainz zeigte, daß sie Teile eines freien, ärmellosen Umhanges bildeten. Der Mantel wurde über der Pelzkleidung getragen. Die ursprüngliche Länge dürfte an die 90 cm betragen haben. Damit wurde der gesamte Oberkörper und wahrscheinlich auch die Oberschenkel bedeckt. Zur Herstellung des Mantels dienten lange Gräser eines alpinen »Süßgrases«. Der Halsteil wurden am oberen Abschluß mit einfacher Zwirnbindung geflochten. Daran sind in regelmäßigen Abständen mehrere Grasschnüre angeknotet, deren Funktion unklar ist. Der Mantel war vorne offen. Die Längskanten werden von Grasschnüren gebildet. Daran waren die waagrechten Zwirne befestigt, die in regelmäßigen Abständen von 6 bis 7 cm horizontal in den Mantel eingeflochten sind. Unterhalb dieser Flechtung fallen die vertikalen Gräser als freier Fransenvorhang ab und verleihen dem Träger Beinfreiheit. Gras- und Strohmäntel wurden bis ins 20. Jahrhundert hinein vor allem von Hirten als wirksamer Regensschutz getragen.

Die Mütze

Bei den Nachuntersuchungen kam weiters die Kopfbedeckung zutage. Dabei handelt es sich um eine halbkugelige Fellmütze, die aus mehreren Fellstreifen hergestellt wurde. Die Mütze ist aus dem Pelz eines Braunbären gefertigt. Im Gegensatz zu den übrigen Kleidungsstücken hat sich in diesem Fall auch das nach außen gerichtete Haarkleid erhalten. Am unteren Rand der Mütze waren zwei Lederbänder befestigt, die die Kopfbedeckung am Kinn fixierten.

Als Kopfbedeckung diente dem Mann aus dem Eis eine Mütze aus Bärenfell.

Die Ausrüstung

Das Besondere am Fund vom Tisenjoch besteht darin, daß ein Mann – mitten aus dem Leben gerissen – in Alltagskleidung und mit seiner Ausrüstung zutage gekommen ist. Damit erhalten wir erstmals Einblick in die nahezu vollständig erhaltene Kleidung eines Menschen des ausgehenden Neolithikums. Kleiderreste kennen wir bisher lediglich aus den Pfahlbauten des zirkumalpinen Raumes, wobei es sich in der Regel um pflanzliche Fasern handelte. Tierische Materialien wie Felle etc. haben sich dort nicht erhalten, aber immerhin bieten die in der Regel nur kleinen Gewandreste Einblick in die zeitgenössische Web- und Knüpftechnik. Der Fund vom Tisenjoch hingegen ist die Momentaufnahme eines kupferzeitlichen Mannes im Hochgebirge. Die Bekleidung setzt sich aus Mütze, Oberbekleidung, Beinkleidung, einem Lendenschurz, einem Paar Schuhe sowie einem Mantel zusammen. Dabei kamen keinerlei gewebte Stoffe zur Anwendung. Die Fäden wurden aus Tiersehnen gewonnen, zum Teil bestehen sie aus pflanzlichem Material, vor allem aus Gräsern und zu einem geringen Teil aus Bast.
Der Mann aus dem Eis hat sich bei seinem Aufenthalt in der damals noch eisfreien Felsmulde einiger seiner Aus-

rüstungsgegenstände entledigt. Er legte den Köcher auf einem Steinblock ab. An einer anderen Stelle des Felsrandes deponierte er den Bogen, das Beil, eine Rückentrage sowie ein Birkenrindengefäß. Den restlichen Teil seiner Ausrüstung trug er bei sich.
Der Mann war zum Zeitpunkt seines Todes vollständig bekleidet. Indem er sich auf der Felsplatte, wo er nach über 5000 Jahren gefunden werden sollte, ausstreckte, rutschte ihm vermutlich die Kopfbedeckung vom Haupt. Während sich die Kleidung der Körpervorderseite aufgrund seiner Lage teilweise erhalten hat, wurde die Oberbekleidung im Rückenbereich vermutlich während des Ausaperns weggeweht. Das betrifft vor allem den Grasmantel.

Das Beil

Aus der Ausstattung des Mannes aus dem Eis ragt in erster Linie ein Beil hervor, das abseits der Leiche an einer Felsspalte zusammen mit dem Bogen, verschiedenen Schnüren und der Rückentrage abgelegt war. Das Beil hat sich zusammen mit der Knieholmschäftung aus Eibenholz erhalten. Aus dem Holmkopf ragt die Schäftungsvorrichtung heraus, die gabelartig gespalten ist. Ein 6,8 cm tiefer Schlitz nimmt die Beilklinge auf. Fast drei Viertel des Beiles sind in der Gabelung befestigt. Zudem wurde das Beil mit Birkenteer fixiert. Der Schaft wurde zusätzlich eng mit schmalen Lederstreifen umwickelt, womit eine optimale Verankerung des Beiles gewährleistet war. Beilschäftungen sind mehrfach aus Feuchtbodensiedlungen bekannt geworden. Das Beil vom Tisenjoch bildet das einzige vollständig erhaltene vorgeschichtliche Beil. Die 9,3 cm lange Beilklinge hat einen trapezförmigen Umriß. Die Schmalseiten besitzen leicht erhöhte Ränder. Das Beil besteht aus fast reinem Kupfer.

Das Beil vom Tisenjoch ist das bislang einzige vollständig erhaltene vorgeschichtliche Beil. Es setzt sich zusammen aus der Knieholmschäftung und der Kupferklinge.

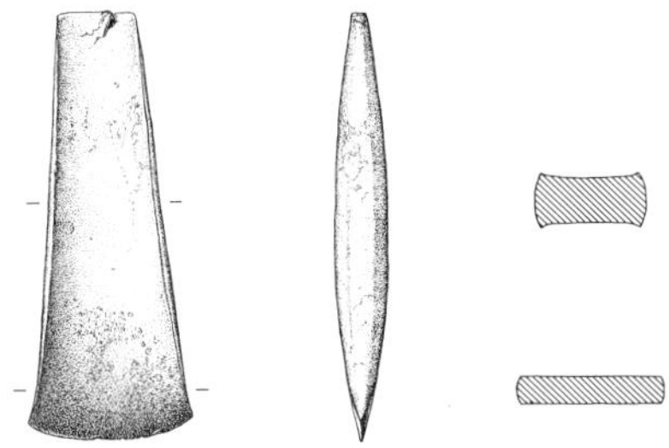

Die Klinge wurde mit Baumharz und Lederriemen am Schaft fixiert.

Der Bogen

Den größten Gegenstand der Ausstattung des Mannes aus dem Eis bildet ein 1,82 m langer Bogenstab aus Eibenholz, der sich vollständig erhalten hat. Kurz vor seinem Tod lehnte der Mann ihn an den Felsen. Da der Bogen vom Eis nicht bewegt wurde, hat er sich in Originalposition erhalten. Der Bogen weist deutliche Bearbeitungsspuren auf und zeigt, daß es sich dabei um ein unfertiges, nicht einsatzbereites Stück handelt. Weder der Griffteil ist fertiggestellt, noch sind an den Enden Vorrichtungen für die Sehnenschlaufe vorhanden.

Der Köcher und sein Inhalt

Rund 5 m von der Leiche entfernt kam, auf einer Steinplatte abgelegt, ein vollständig erhaltener Köcher zutage. Dieser besteht aus einem rechteckigen, länglichen Fellsack, der sich nach unten hin leicht verjüngt. Dafür wurde das Fell einer Gemse verwendet. Das Haarkleid, das sich nur spärlich erhalten hat, war nach außen gerichtet. Das Fellstück wurde an der Längs- und unteren Schmalseite mit einer Naht zusammengehalten. An der Längsnaht ist der Köcher mit einer 92,2 cm langen Haselrute versteift. Diese wurde gerindet,

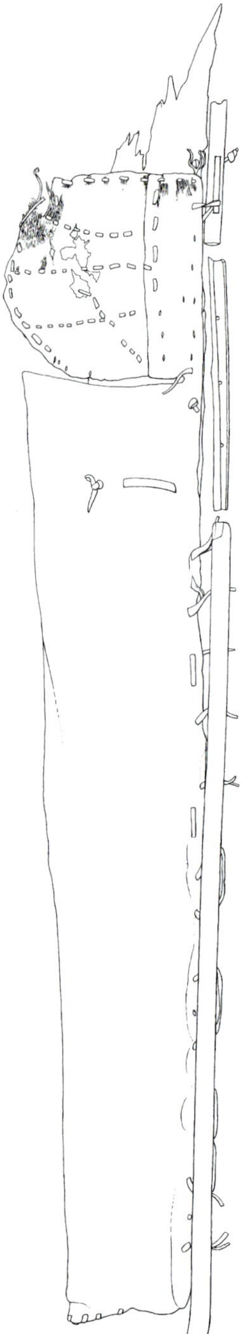

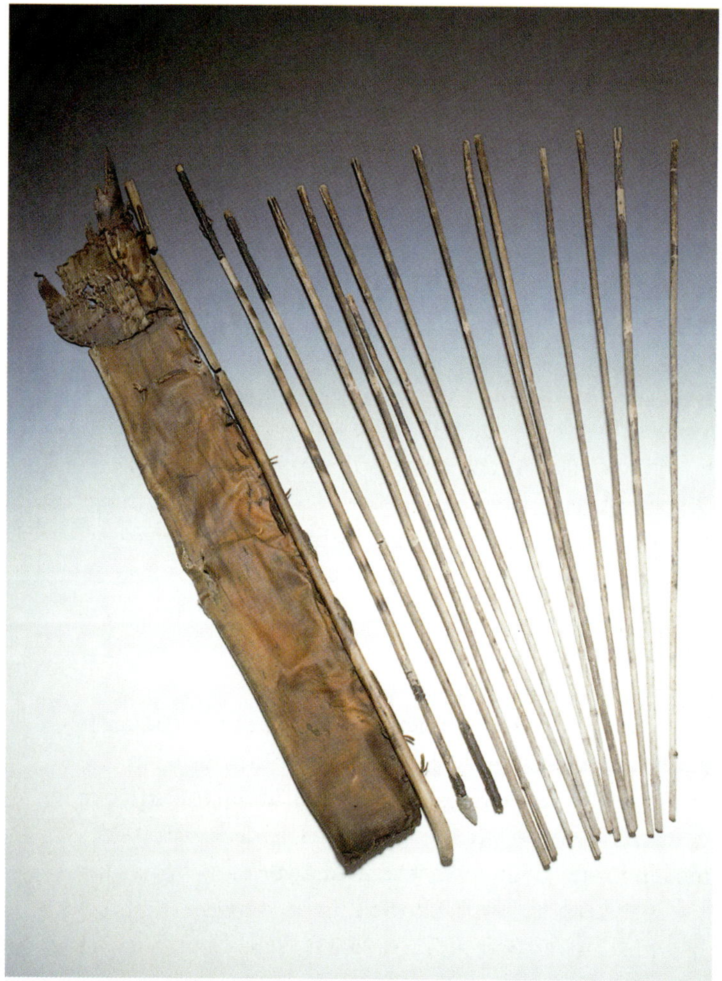

geglättet und der Länge nach mit einer tiefen V-förmigen Nut versehen. An der Nut wurde der Stab in regelmäßigen Abständen zwanzigmal gelocht. Die Längsnaht des Köchers wurde schließlich in diese Nut eingepaßt und mit feinen Lederbändern verknüpft. Diese Versteifung war in drei Stücke zerbrochen. Das mittlere Bruchstück trug der Mann bei sich. Die Verschlußklappe sowie der Trageriemen fehlen. Der Köcher enthielt zwei schußbereite Pfeile und zwölf Rohschäfte. Die unfertigen Schäfte weisen eine Länge von 84 bis 87 cm auf und sind aus den Ästen des Wolligen Schneeballs gefertigt. Sie waren entrindet, aber noch nicht fertig geglättet. Das dickere Ende ist bei allen Schäften eingekerbt. Die Pfeilspitzen der beiden fertigen Pfeile dagegen bestehen aus Silex. Sie waren mit Birkenteer und einer Fadenumwicklung befestigt. Daneben haben sich Reste einer dreiteiligen Radialbefiederung erhalten, die mit Birkenteer und einem dünnen Faden angebracht war. Ein Pfeil war mit eingesetztem Vorschaft aus Hartriegelholz ausgestattet.

Im Köcher befanden sich außerdem vier mit Baststreifen zusammengeschnürte Hirschgeweihspitzen. Sie konnten möglicherweise als Pfeilspitzen Verwendung finden. Eine gekrümmte Geweihspitze diente wahrscheinlich zum Häuten der Tiere. Schließlich ist neben zwei Tiersehnen eine zu einem Knäuel gewickelte Schnur zu erwähnen, die aus Baumbast gefertigt wurde. Sie dürfte eine Länge von bis zu 2 m haben. Dabei könnte es sich um die Bogensehne handeln.

Der Köcher des Mannes aus dem Eis ist nicht vollständig erhalten. Es fehlen die Verschlußklappe und der Trageriemen.

Im Köcher befanden sich 2 schußbereite Pfeile, 12 Rohschäfte.

Die gestielten Silexspitzen wurden mit Baumharz an den Schäften fixiert.

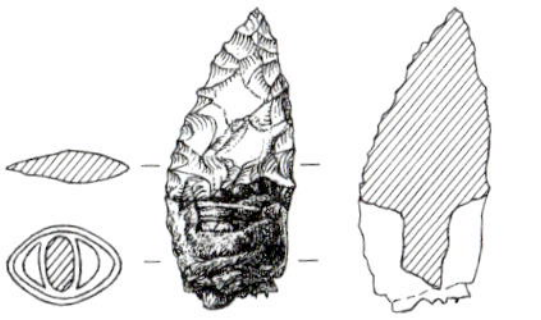

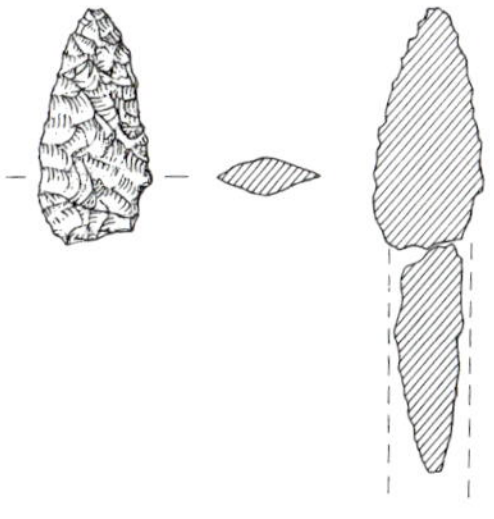

Der Dolch

In unmittelbarer Nähe der Mumie kam ein ca. 13,2 cm langer Feuersteindolch zum Vorschein. Er besteht aus einer kleinen dreieckigen Feuersteinklinge und einem Griff aus Eschenholz. Die Klinge wurde tief in den gespaltenen Holzgriff eingeschoben und mit Sehnen verschnürt. An der am Griffende angebrachten Kerbe wurde eine Schnur befestigt. Die zum Dolch gehörende dreieckige etuiförmige Scheide besteht aus Bast und hat eine Länge von 12 cm. Zu ihrer Anfertigung stellte man eine kleine Matte her, welche zusammengelegt und deren Längsseite mit einem Grasfaden verschlossen wurde. Eine doppelte Durchflechtung verstärkt den Scheidenmund, anschließend folgen in regelmäßigen Abständen horizontale Durchschüsse in Zwirnbindung. Eine seitlich angebrachte Lederöse ermöglichte wahrscheinlich ein Befestigen der Scheide am Gürtel.

Die Feuersteinklinge des Dolches ist in einen Holzgriff eingesetzt.

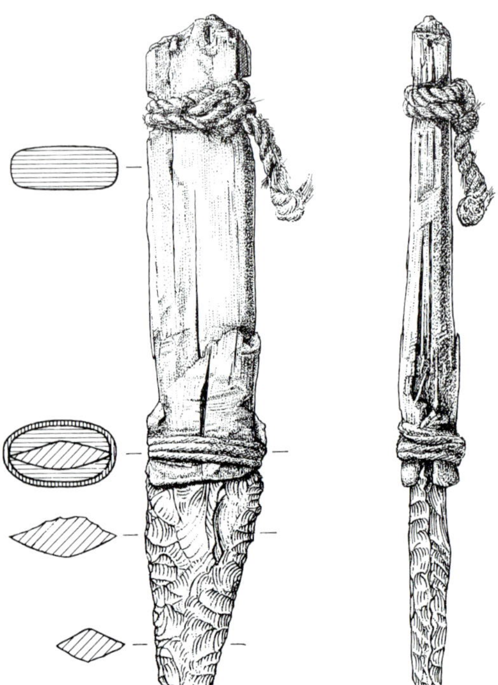

Der Retuscheur

Zu den ungewöhnlichsten Objekten in der Ausstattung des Mannes aus dem Eis gehört ein Retuscheur. Dabei handelt es sich um den Teil eines entrindeten Lindenastes, der an der einen Seite gerade abgeschnitten ist und am anderen Ende zugespitzt erscheint. Dort schlug man in den Markkanal einen 6,1 cm langen runden Stift ein. Das Gerät erreicht eine Gesamtlänge von 11,9 cm, wobei der eingetriebene Stift lediglich vier Millimeter herausragt. Dieser Teil ist zusätzlich feuergehärtet. Untersuchungen haben gezeigt, daß es sich dabei um einen Hirschgeweihspan handelt. Das Gerät diente für Feinarbeiten in der Herstellung von Silexgeräten. War der Arbeitskopf aufgrund der Abnutzung stumpf geworden, so konnte wie bei einem Bleistift durch Nachspitzen die Funktionstüchtigkeit wiederhergestellt werden. Der aufgefundene Retuscheur bildet das einzige bekannte Exemplar dieser Art. Experimentalarchäologische Untersuchungen haben gezeigt, daß er seine Funktion optimal erfüllt.

Der Retuscheur dient zum Schärfen der Steingeräte.

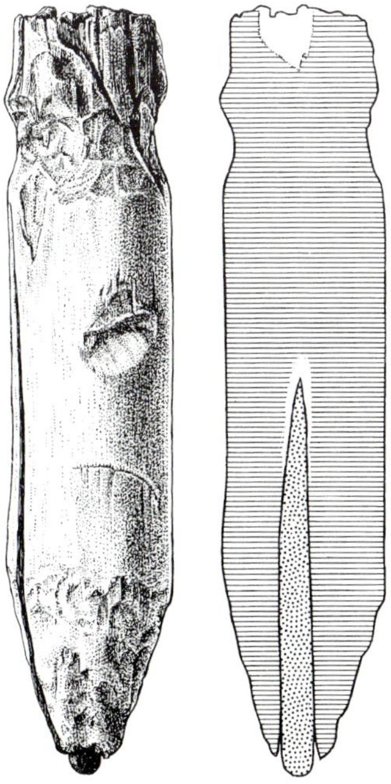

Das Netz

Im Zuge der ersten Nachuntersuchungen konnten westlich der Felsplatte, auf der die Leiche lag, die Reste eines Netzes geborgen werden. Das grobmaschig geknüpfte Netz wurde aus Grasschnüren gefertigt und diente wahrscheinlich dem Vogelfang.

Das Tragegestell kann nicht mehr exakt rekonstruiert werden.

Die Rückentrage

Zusammen mit Beil und Bogen wurden an einem Felssims mehrere hier abgelegte Holzstücke entdeckt, darunter ein 1,98 m langer zur U-Form gebogener Haselstock. Dazu gehören zwei schmale Holzbrettchen aus Lärchenholz mit 38 bzw. 40,3 cm Länge. Die Enden der Brettchen sind zungenförmig gearbeitet bzw. doppelt gekerbt. Die Enden des Haselstockes weisen je zwei übereinanderliegende Kerben auf. Das legt nahe, daß die beiden Holzbrettchen als waagrechte Verbindungsstücke des U-förmig gebogenen Haselnußstockes dienten. Die Hölzer waren mit Schnüren miteinander verbunden; entsprechende Reste kamen zahlreich in der unmittelbaren Umgebung vor. Sie bestehen aus zwei gedrillten Grassträngen. Die Hölzer bildeten das Rahmenwerk einer Rückentrage. Zahlreiche Fellreste und Haarbüschel lassen darauf schließen, daß ein Fellsack am Tragegerüst befestigt gewesen sein dürfte. Die Rückentrage war an einer erhöhten Stelle der Felswanne abgelegt und aperte früher aus als der Leichnam. An der exponierten Stelle waren die Gegenstände direkt der Windeinwirkung und Sonneneinstrahlung ausgesetzt, was den schlechten Erhaltungszustand der Trage erklären dürfte.
Der Mann aus dem Eis führte insgesamt 18 verschiedene Holzarten mit sich: Er verwendete für jedes Gerät das am besten dafür geeignete Holz. Der Mann hatte gute Kenntnis der natürlichen Ressourcen sowie von deren geeignetsten Einsatzmöglichkeiten.

Die Birkenrindengefäße

Direkt neben dem Toten wurde ein Gefäß aus Birkenrinde gefunden. Die Reste eines weiteren Behälters aus Birkenrinde kamen im Bereich der Trage zum Vorschein. Die Form entspricht einer zylindrischen Dose. Der leicht ovale Boden mit einem Durchmesser von 15 bis 18 cm ist getrennt gefertigt worden

Als Vorratsbehälter führte der Mann aus dem Eis zwei Birkenrindengefäße mit sich.

und mit dem vertikalen Teil verbunden. Der rund 20 cm hohe Gefäßkörper besteht aus einem einzigen rechteckigen Rindenstück. Dieses wurde zusammengerollt und – wie eine Lochreihe zeigt – seitlich vernäht. Auch die untere Seite sowie das Bodenstück weisen eine Lochreihe auf und waren miteinander vernäht. Vom Nähmaterial blieben keine Spuren erhalten. Während an der Innenseite jenes Gefäßes, welches im Bereich der Rückentrage gelagert war, die helle Farbe der Birkenrinde erhalten blieb, verfärbte sich beim anderen Gefäß die Innenwand schwärzlich. Zum Inhalt dieses Behälters gehörten Blätter des Spitzahorns. Darin eingebettet befanden sich auch Fichten- und Wacholdernadeln. Außerdem konnten Reste von Einkorn und Weizen gefunden werden. Die Blätter schlossen kleine Partikel von Holzkohle ein. Der Inhalt des Birkenrindengefäßes läßt die Funktion als Glutbehälter vermuten, wobei die eigens dafür frisch geernteten Blätter als Isoliermaterial gedient hätten.

Die Wirkstoffe des Birkenporlinges wirken blutstillend und desinfizierend.

Die Steinperle ist der einzige Schmuckgegenstand.

Die Birkenporlinge

Der Mann aus dem Eis trug an seiner Kleidung auf zwei Fellstreifen aufgefädelte kugelige Gebilde, die aus dem Fruchtkörpergewebe des Birkenporlings stammen. Sie dienten therapeutischen Zwecken. Baumschwämme wurden bis ins 20. Jahrhundert herauf zu Heilzwecken verwendet.

Die Troddel mit Steinperle

Der einzige Gegenstand in der Ausrüstung des Mannes aus dem Eis, der als Schmuck bezeichnet werden darf, besteht aus einer runden Perle aus Marmor. Sie ist zentral gelocht und auf einem Fellriemen aufgefädelt. Dieser nimmt ein Bündel von spiralig aufgewickelten Riemen auf, die zusammen eine Art Quaste bilden. Die Fellstreifen waren sowohl Schmuck als auch Ersatz- und Reparaturmaterial.

Die Nahrungsreste

An Nahrungsmittelresten fand sich eine Schlehfrucht, und neben Getreideresten im Birkenrindengefäß saßen in den Fellresten der Kleidung zwei ganze Getreidekörner fest. Dabei handelt es sich um

Einkorn. Wenngleich die Körner nicht aus einem mitgeführten Speisevorrat stammen, sondern gewissermaßen zufällig mit auf das Tisenjoch gelangten, belegen sie, daß der Mann zumindenst in Kontakt mit ackerbautreibenden Gruppen im Talboden stand. Im Zuge der Nachgrabung konnten zwei kleine Knochensplitter geborgen werden. Die anatomische und zoologische Bestimmung ergab, daß es sich um Teile der Halswirbel eines männlichen Steinbokkes handelt. Der Mann aus dem Eis hatte sich auf seiner Reise demnach mit vermutlich geräuchertem oder getrocknetem Steinbockfleisch eingedeckt.

Die letzte Mahlzeit

Am Institut für Botanik der Universität Innsbruck wurde der Darminhalt des Mannes aus dem Eis analysiert. Demnach bestand seine letzte Mahlzeit aus einem Brei aus Einkorn, Fleisch und unbestimmbaren Pflanzen. Das Getreide war gemahlen, konnte demnach auch in Brotform aufgenommen worden sein. Beigemengte Holzkohle und Mineralien sind u. a. verantwortlich für die starke Zahnabrasion. Wie der Fund einer Schlehe am Fundort zeigt, war der Mann aus dem Eis zusätzlich auf das Sammeln von Früchten angewiesen, die seinen Speiseplan ergänzten. Die Untersuchung des Darminhaltes zeigte weiters, daß der Mann zu Lebzeiten unter Peitschenwürmern gelitten hatte. Von großer Bedeutung und Aussagekraft sind die Pollen. Diese stammen fast zur Gänze von Baumpollen und nur zu einem geringen Teil aus Pflanzenpollen. Pollen werden sowohl über die Nahrung als auch über das Wasser und die Luft aufgenommen. Pollen folgender Pflanzen wurden nachgewiesen: Gänsefuß, Wegerich, Hopfenbuche, Hasel, Fichte. Die Baumarten deuten auf einen typischen Mischwald hin, wie er im Vinschgau, und speziell im Schnalstal, vorkommt. Einen wichtigen Hinweis auf die Frage, woher der Mann aus dem Eis kam, liefern die Pollen der Hopfenbuche, die

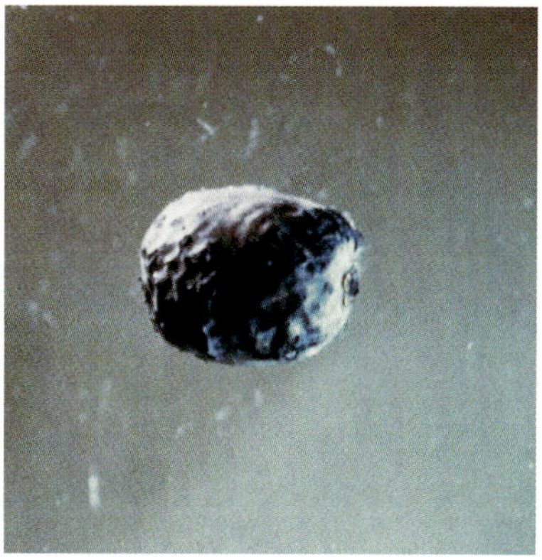

Eine Schlehe zeigt, daß der Mann aus dem Eis seinen Speiseplan durch Beeren ergänzte.

nur südlich der Alpen und damit im Vinschgau vorkommt. Aufgrund des Verdauungsgrades der Pollen schließen die Botaniker, daß sich der Mann aus dem Eis zwölf Stunden vor seinem Tod im Vinschgau aufgehalten hat. Von besonderer Bedeutung sind in diesem Zusammenhang auch die Beifunde, die Auskunft über den Bezugsort des notwendigen Holzes geben. Die Hölzer vermitteln ein schlüssiges Bild seines Lebensraums. Insbesondere die Fichtenwälder und die Flaumeichenwälder weisen auf Steilhangwälder sowie einen milden Winter und heißen Sommer hin. Dies sind Bedingungen, die besonders im Vinschgau herrschen. Auch die Eibe, aus deren Holz der Bogen und die Beilschäftung gefertigt sind, war früher im Vinschgau heimisch.

Die in den Birkenrindengefäßen entdeckten Ahornblätter zeigen Spuren von Holzkohle.

Der Todeszeitpunkt

Anhand der Pollen kann der Zeitpunkt des Todes des Mannes aus dem Eis relativ genau bestimmt werden: Die Blühphase der Hopfenbuche endet nämlich bereits im Juni, die Schlehe hingegen kann in der Zeit zwischen Juli und November geerntet werden. Im Glutbehälter führte der Mann zwei Blätter des Spitzahorns als Isoliermaterial mit sich. Diese wurden, wie der Chlorophyllgehalt zeigt, frisch gepflückt, wobei die Stiele entfernt wurden. Sie wurden zwischen Juni und September geerntet. Somit kann man davon ausgehen, daß der Mann im Frühjahr, bzw. im Frühsommer ums Leben kam.

Die kulturelle Zugehörigkeit

So einmalig der Fund ist, so problematisch gestaltet sich eine kulturelle Zuordnung. Insbesondere das Fehlen von Keramik erschwert diesen Versuch beträchtlich. Die Objekte aus organischem Material lassen vielfache Bezüge zu spätneolithisch bis frühbronzezeitlichen Pfahlbausiedlungen herstellen. Aufgrund der nur in Feuchtbodenmilieu erhaltenen organischen Materialien verliert dieser Vergleich freilich an Aussagekraft. Außerdem ist der Forschungsstand zur kupferzeitlichen Besiedlung des mittleren Alpenbogens noch recht dürftig. Der Vinschgau ist ab dem mittleren Neolithikum der Kultur der »vasi a bocca quadrata« zuzuordnen, die auch im Jungneolithikum noch eine gewisse Rolle spielte. Bisher läßt sich nicht abschätzen, inwieweit die am Südalpenrand und in den lombardischen Alpen beheimatete Remedello-Kultur ins mittlere Alpengebiet hineinspielte. Tatsächlich entspricht das Beil vom Tisenjoch den Kupferbeilen im namengebenden Gräberfeld von Remedello bei Brescia. Insbesondere das Grab 102 von Remedello läßt sich der Ausstattung des Mannes aus dem Eis gegenüberstellen. Das Männergrab war mit einem Kupferbeil, einem Feuersteindolch und gestielten Pfeilspitzen ausgestattet. Die Ausstrahlung der Remedello-Kultur in den Raum des heutigen Südtirol ist außerdem am Vorkommen einiger Feuersteindolche sowie Kupferflachbeile nachweisbar. An umliegenden Kulturgruppen sind vor allem die Horgener Kultur in der Schweiz und die Badener Kultur in Ostösterreich zu nennen. In Bayern war die Altheimer und Chamer Kultur verbreitet, deren Einfluß bis in das Tiroler Inntal reichte. Im Zusammenhang mit dem Mann aus dem Eis ist vor allem eine andere Quellengruppe von großer Bedeutung. Es handelt sich um die sogenannte Statuenmenhire, die im Südalpenraum Verbreitung fanden. Diese lieferten erstmals bildliche Darstellungen. Darunter finden sich Beil, Dolch sowie Pfeil und Bogen. Die dargestellten Dolche geben aufgrund ihrer Form eindeutig sogenannte Remedellodolche aus Kupfer wieder. Außerdem sind die Beildarstellungen mit Kupferbeilen,

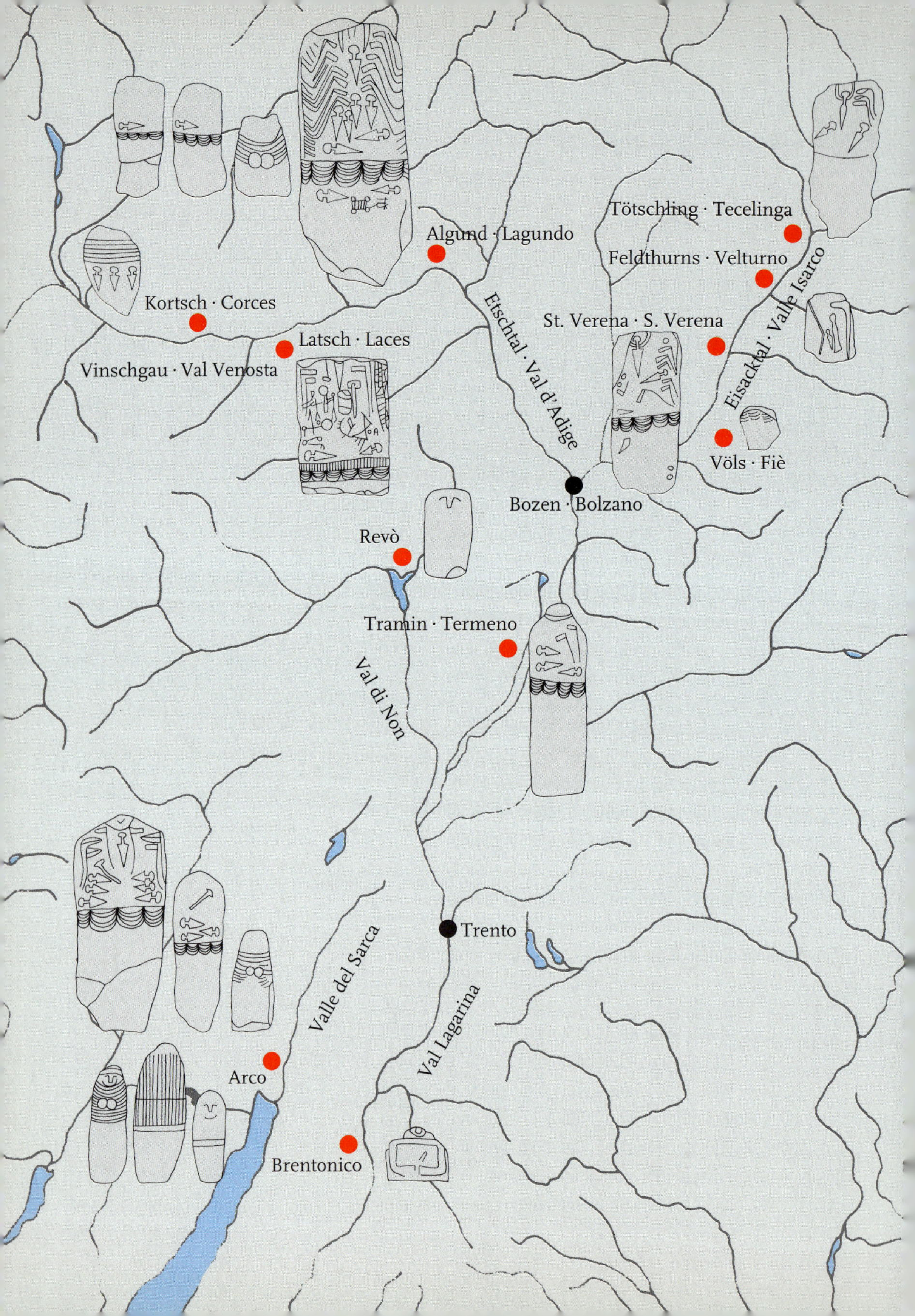
Tötschling · Tecelinga
Algund · Lagundo
Feldthurns · Velturno
Kortsch · Corces
St. Verena · S. Verena
Latsch · Laces
Vinschgau · Val Venosta
Etschtal · Val d'Adige
Eisacktal · Valle Isarco
Völs · Fiè
Bozen · Bolzano
Revò
Tramin · Termeno
Val di Non
Trento
Valle del Sarca
Val Lagarina
Arco
Brentonico

Verbreitungskarte der Figurenmenhire in Trentino-Südtirol

Männliche und weibliche Figurenmenhire aus Algund und aus Tötschling

Abzeichnung des großen Menhirs aus Algund

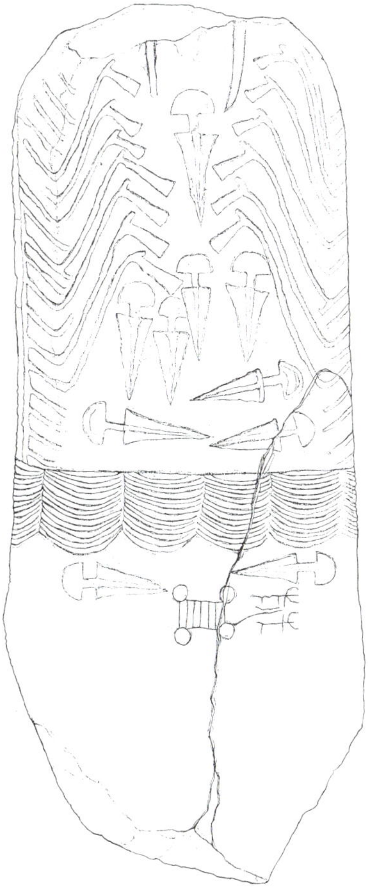

wie jenes vom Mann aus dem Eis, in Verbindung zu bringen. Die Bildsteine dürften in Zusammenhang mit dem Ahnenkult gestanden haben. Die Abbildungen zeigen die ersten Errungenschaften und Produkte aus Metall und geben erste Einblicke in kultische Aspekte sowie in eine soziale Gliederung und Mode der damaligen Gesellschaft. Metallobjekte kennzeichnen in der Kupferzeit eine Ober- und Führungsschicht, wie auch die Darstellungen an den Menhiren erkennen lassen. Aus der Remedello-Kultur ist zusätzlich eine Gewandnadel und ein Pektoral aus Silber nachgewiesen. Beil und Dolch treten damit sowohl bei Bestattungen als auch bei den Darstellungen auf den Steinstelen im Zusammenhang mit gehobenen Schichten auf. In bezug auf den Mann aus dem Eis gilt festzuhalten, daß er aufgrund seines Beiles als Herdenbesitzer, Dorfvorsteher o. ä. bezeichnet werden kann. Tätigkeiten als Jäger, Erzsucher usw. sind dabei keineswegs auszuschließen, wie die Ausrüstung mit Pfeil und Bogen nahelegt.

An der Rückseite der Menhire sind bis zum girlandenförmig gerafften Gürtel hinab senkrechte, teilweise versetzte Rillen sichtbar. Diese erinnern unmittelbar an das Obergewand des Mannes aus dem Eis, das aus senkrecht zusammengenähten Fellstreifen besteht.

Der Fund am Tisenjoch muß auch mit den Weidegebieten des Ötztales in Verbindung gebracht werden, die damals wie heute vom Vinschgau aus bewirtschaftet wurden. Auf-

Der Schafübertrieb vom Schnalstal ins Ötztal. Der lange Aufstieg durch das Tisental

Das Schnalstal mit der Similaunspitze im Hintergrund, im Vordergrund Schloß Juval

grund seiner Ausrüstung – insbesondere der Birkenrindenbehälter – läßt sich schließen, daß er für einen längeren Aufenthalt gerüstet war. Das Anlegen eines Feuers weist auf ein Verweilen von mehreren Tagen abseits der Siedlung hin. In bezug auf die Hochweidennutzung ist zu erwähnen, daß in unmittelbarer Nähe des Hauslabjoches, am hinteren Rofenberg, in 2760 m Seehöhe Pollenprofile untersucht wurden, die den menschlichen Einfluß durch Viehhaltung bereits für das 4. Jahrtausend v. Chr. belegen. Dabei ist der Vegetationswechsel von Zwergstrauchheiden zu krautreichem Rasen zu beobachten. Die Waldgrenze lag bei 2200 bis 2300 m Seehöhe. Die Nutzfläche oberhalb der Baumgrenze wurde durch künstliche Eingriffe talwärts vergrößert. Die Talsiedlung des Mannes ist im Vinschgau anzunehmen. Umfangreiche Grabungen auf dem Burghügel von Schloß Juval förderten neolithische und bronzezeitliche Funde zutage. Es liegt im Bereich des Möglichen, daß sich sein Lebensumfeld hier befand. In unmittelbarer Umgebung dieser Siedlung wurde das Getreide angebaut, mit dem der Mann aus dem Eis direkt in Berührung kam.

Rückführung des Mannes aus dem Eis nach Südtirol

Am 16. Jänner 1998 werden der Mann aus dem Eis und die Beifunde unter großen Sicherheitsvorkehrungen vom Institut für Anatomie der Universität Innsbruck in das Südtiroler Archäologiemuseum nach Bozen gebracht.
Im neuerrichteten Südtiroler Archäologiemuseum, das auf 1200 Quadratmetern die gesamte Ur- und Frühgeschichte Südtirols von der Alt- und Mittelsteinzeit bis zur Karolingerzeit dokumentiert, sind die Mumie und die Beifunde zentraler Ausstellungskomplex. Darum ist ihnen der gesamte erste Stock des Museums vorbehalten.

Die Mumie wird in den Kühlwagen gelegt.

Die Ankunft des Konvois am Brennerpaß

Die Ankunft in Bozen vor dem Südtiroler Archäologiemuseum

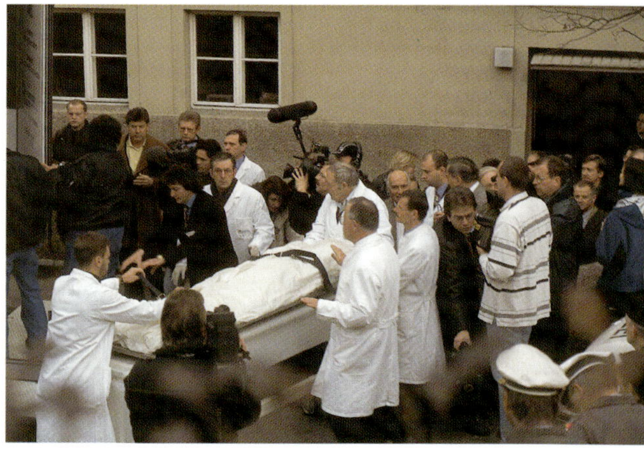

Der Blick durch das Fenster in den Kühlraum

Konservierung in Bozen

Im Südtiroler Archäologiemuseum wird die Mumie in einem eigens dafür entwickelten, für den Museumsbesucher nicht einsehbaren Kühlzellenblock aufbewahrt. Die »Eismannbox« besteht aus einem Dekontaminierungsraum, einem Untersuchungsraum und daran anschließenden zwei identischen Kühlzellen mit unabhängigen Kühlsystemen. In einer der Zellen wird die Mumie bei minus 6 Grad und einer Luftfeuchtigkeit von fast 100 % gelagert. Ein komplexes Mantelthermosystem bewirkt einen kalkulierbaren Feuchtigkeitsaustausch zwischen Kühlanlage und Mumie, ohne daß sich eine Eisschicht auf dem Körper bildet. Dadurch ist es nicht mehr notwendig, die Mumie in Crash-Eis zu hüllen.

Das Problem der Beleuchtung wurde durch ein spezielles Verfahren gelöst, das durch Spezialfilter dem Kaltlicht alle ultravioletten und infraroten Strahlen entzieht. Dadurch ist es möglich, daß der Museumsbesucher die Mumie durch ein kleines Fenster betrachten kann.

Bibliographie

Konrad Spindler/Elisabeth Rastbichler-Zissernig/Harald Wilfing/Dieter zur Nedden/Hans Nothdurfter (Hrsg.): Der Mann im Eis. Neue Funde und Ergebnisse. The Man in the Ice. Vol. 2 (= Veröffentlichungen des Forschungsinstituts für Alpine Vorzeit der Universität Innsbruck, 2). Wien/New York 1995

Frank Höpfel/Werner Platzer/Konrad Spindler (Hrsg.): Der Mann im Eis. In: Der Mann im Eis. Bericht über das Internationale Symposium 1992 in Innsbruck. Vol. 1. (= Veröffentlichungen der Universität. Innsbruck, 187). Innsbruck 1992

Markus Egg/Roswitha Goedeeker-Ciolek/Willy Groenman van Waateringe/Konrad Spindler: Die Gletschermumie vom Ende der Steinzeit aus den Ötztaler Alpen. In: Jahrbuch des Römisch-Germanischen Zentralmuseums Mainz, 39 (1992), 1–128. Mainz 1993

Konrad Spindler: Der Mann im Eis. Die Ötztaler Mumie verrät die Geheimnisse der Steinzeit. München: Bertelsmann 1993.

Bildnachweis

Lorenzo Dal Ri, Südtiroler Archäologiemuseum: 17
Gruppe Gut: 35, 48
Landesgendarmeriekommando für Tirol: 7, 10, 11 o., 22 o.
Andreas Lippert: 16 o. + u. r.
Werner Nosko: 13
Hans Nothdurfter, Südtiroler Archäologiemuseum: 16 l.
Klaus Oeggl, Universität Innsbruck: 45, 46
Josef Pernter: Umschlag vorne, 5, 27, 28 o., 29, 31 o., 32 r., 33, 39 o., 40 o., 41 o., 43, 49 o., 53, 55
Römisch-Germanisches Zentralmuseum Mainz: Umschlag vorne, Umschlagklappe, 3, 22 u., 28 u., 30u., 31 u., 36, 37 o. r. + u., 38 l., 39 u., 40 u., 41 u., 42, 44
Marco Samadelli: 9, 30 o., 37 o. l., 38 o. r., 50 u.
Max Scherer, Vienna Report: 12 o. + M., 14 o.+ u., 18
Othmar Seehauser: Umschlag hinten, 6, 15, 32 u. l., 50 o., 52
Sara Welponer: 26, 32 l., 34, 35, 49 u.
Universität Innsbruck: 12 u.
Uno Press: 11 u., 12 M. l.
Dieter zur Nedden, Universität Innsbruck: 19, 20.

Der Schauraum mit den Beifunden des Mannes aus dem Eis im ersten Stock des Südtiroler Archäologiemuseums